タイムスリップ！ 江戸の町で大冒険

少年写真新聞社

目次

体験コーナー

人物紹介《しょうかい》

シンヤ

スポーツ万能《ばんのう》で、アウトドアの知識《ちしき》が豊富《ほうふ》。仲間のリーダー的存在《そんざい》だが、そそっかしい面も。

アイコ

おばあちゃん子で、生活の知恵にたけている女の子。面倒見《めんどうみ》がよく、しっかり者。

ダイスケ

不器用だが、力持ちで優《やさ》しい性《せい》格《かく》。食べることが好きで、いつもおなかをすかせている。

ジュンイ

いつも本ばかり読んでいて、あらゆる物事に関して、知識《ちしき》が豊《ほう》富《ふ》。体力には自信がない。

ユキ

物語の初めに行方《ゆくえ》不明になってしまった女の子。おとなしくひかえ目で、謎《なぞ》が多い。

ソラ

シンヤが飼《か》っている雑種《ざっしゅ》の子犬。好奇心旺盛《こうきしんおうせい》で、誰《だれ》にでもなついてしまう明るい性格《せいかく》。

これまでのあらすじ

ある日の放課後、小学校6年生のシンヤ、アイコ、ダイスケ、ジュンイチ、ユキの5人と、犬のソラは、いつものように学校のグラウンドで遊んでいた。すると突然《とつぜん》、大地震《だいじしん》が発生し、なぜか校舎《こうしゃ》ごと時空のゆがみの中に飛ばされ、5人は意《い》識《しき》を失ってしまった。

気がつくと、そこは無人島だった。けがもなく無事だったことを喜び合うシンヤたち。しかし、なぜかユキの姿《すがた》だけが見当たらない。4人と1匹《ぴき》は飲み水を確《かく》保《ほ》して、火をおこし、無人島でサバイバル生活をしながらユキを探《さが》すが、ユキはどこにもいなかった。とうとう島を脱出《だっしゅつ》することを決意し、手作りのいかだで海に出たシンヤたち、渡《わた》った島でこれまで見たこともないような不思議な乗り物を発見する。

恐《おそ》る恐《おそ》るその乗り物に乗り込《こ》んだ4人は、世界中を移動《いどう》することになる。タイでは津波《つなみ》に遭遇《そうぐう》、アイスランドではオーロラを体験。サウジアラビアでは砂漠《さばく》の生活を知り、ペルーではインディヘナの暮《く》らしに触《ふ》れた。ついに、ペルーのマチュピチュ遺跡《いせき》でユキの目撃情報《もくげきじょうほう》を得たものの、結局出会うことはできなかった。

4人は再《ふたた》び例の乗り物を使って、ユキを探《さが》す旅に出た。

江戸《えど》にタイムスリップ

無人島で発見した不思議な乗り物に乗り込《こ》んだシンヤ、ジュンイチ、ダイスケ、アイコ。内部ででたらめにボタンをいじっていると再《ふたた》び動き出したが、今回の移《い》動《どう》はこれまでと違《ちが》って、重力に変化が生じたような奇妙《きみょう》な感覚が伴《ともな》った。数分間の揺《ゆ》れが続き、ようやく動きが止まった。シンヤたちは乗り物から降《お》りると、見《み》慣《な》れない昔の町並《まちな》みが広がっている。

「ここはどこだ？」とシンヤ。

歴史に詳《くわ》しいジュンイチは周りを見回し、
「どうやらタイムスリップしたらしい。この状況《じょうきょう》から判断《はんだん》するとたぶんここは江《え》戸時代《どじだい》のようだよ」と答えた。江戸《えど》のメインストリート、日本橋《にほんばし》通りには、いろいろな店が立ち並《なら》び、多くの人でにぎわっていた。
「ここにもしかして、ユキがいるかもしれない…」
シンヤの心にはなぜかそんな思いがわき上がっていた。

江《え》戸《ど》時《じ》代《だい》はどんな時代だった？

庶民《しょみん》の文化が花開いた時代

江戸時代《えどじだい》とは、徳川《とくがわ》家康が江戸《えど》に幕府《ばくふ》を開いた1603年から、約260年間続いた時代のこと。徳川幕府《とくがわばくふ》の力が強く、それまでの時代と違《ちが》って、国内はおおむね平和だった。またこの時代には、外国との戦争もなかった。

江戸時代《えどじだい》は世界史上でも珍《めずら》しく、長い期間平和な時代が続いた。その間に生活に根ざした庶民《しょみん》の文化が大きく花開いた。明治時代以降《いこう》は海外、特に西洋からの文化がたくさん入ってきたため、明治以降《いこう》と江戸時代《えどじだい》とでは、日本人の暮《く》らしがずいぶん違《ちが》う。江戸時代《えどじだい》の前半は、上方と呼《よ》ばれる京都や大坂（現代の大阪）の町人文化（小説、芸能《げいのう》、美術《びじゅつ》など）が栄えたが、江戸時代《えどじだい》の後半では文化の中心が上方から江戸《えど》に移《うつ》った。歌川広重や葛飾北斎《かつしかほくさい》の浮世絵《うきよえ》はヨーロッパにも伝わり、大きな影響《えいきょう》を与《あた》えた。

江戸《えど》と東京

江戸《えど》の範囲《はんい》は、今の東京23区内、江《え》戸城《どじょう》があった千代田区を中心とした地域《ちいき》（下の地図の緑線の内側）。

現在《げんざい》の地図と比較《ひかく》すると、江戸時代《えどじだい》の海岸線の位置（19世紀中ごろ）は内陸側になっており、当時より今のほうが埋《う》め立て地の面積が増《ふ》えていることがわかる。

江戸《えど》の中心地だった日本橋《にほんばし》。歌川広重「東海道五十三次　日本橋《にほんばし》　行列振出《ふりだし》」
（東京都立中央図書館東京誌料文庫蔵）

現在《げんざい》の日本橋《にほんばし》。近くに百貨店や金融《きんゆう》関係の店が多い。（写真提供：名橋「日本橋」保存会）

江戸《えど》の中心地、日本橋《にほんばし》

江戸《えど》の中でも政治《せいじ》、経済《けいざい》、交通の中心地として栄えたのが日本橋《にほんばし》。江戸城《えどじょう》にも近く、江戸時代《えどじだい》に整備《せいび》された全国につながる五街道《かいどう》は、日本橋《にほんばし》が起点に定められていた。また、当時はここに江戸《えど》で消費される魚が集まる「魚河岸《うおがし》」があった。

長屋に暮《く》らすりょう

通りの真ん中で、どうすればいいのかわからず途方《とほう》に暮《く》れる４人。そんなとき、向こうから大人の女性《じょせい》が近づき、話しかけてきた。

「何か困《こま》っているようだけど、大丈夫《だいじょうぶ》？」

「実は私《わたし》たち、行方不明になった友だちを探《さが》しているんです」

アイコは救いを求めるように訴《うった》えた。

「ユキという女の子なんですが…」

ジュンイチは熱心に説明をするが、時空を超《こ》えてきたことまでは説明できない

ため、どうもはっきりしない。
「そうなの…、かわいそうに……。私《わたし》の名前はりょう。とりあえず、私《わたし》のうちにいらっしゃい」
　4人は顔を見合わせて、うなずいた。そして、りょうの後ろについて、裏通《うらどお》りの建物へと案内された。
「ここは江戸《えど》の庶民《しょみん》が暮《く》らす集合住宅《じゅうたく》、長屋だね」
　ジュンイチは得意気に説明をした。

長屋の暮《く》らしをのぞいてみよう

江戸《えど》の庶民《しょみん》が住む代表的な建物は、長屋と呼《よ》ばれる共同の住宅《じゅうたく》だ。一部屋の広さは、幅《はば》九尺《しゃく》（約2.7m）×奥行《おくゆ》き二間《けん》（約3.6m）が一般的《いっぱんてき》（p .19参照）。これは４畳《じょう》半程度《ていど》で、ここに家族５人ほどで住むこともあった。（写真はすべて江東区深川江戸資料館）

表通りから５～６間奥《おく》に入ったところにあった長屋。密集《みっしゅう》して建てられ、建物の間隔《かんかく》は狭《せま》かった。

部屋の内部。職人《しょくにん》が住んでいる長屋なので、のこぎり（大鋸《おが》）がかけてある。

共同トイレと肥《こえ》取り

長屋の住人の部屋には個人用《こじんよう》のトイレはなく、みんなは共同トイレを使用していた。ここにたまった排《はい》せつ物は貴重《きちょう》な肥料《ひりょう》になったため、わざわざ農民が買い取りに来ていた。排《はい》せつ物に対する費用は大家に支払《しはら》われ、大家の収入《しゅうにゅう》になった。

長屋にあった共同トイレ、左は内部。

排《はい》せつ物を回収《かいしゅう》に来た肥《こえ》取り。

ごみ捨《す》て場とくずもの拾い

江戸時代《えどじだい》中期以降《いこう》は約100万人と人口が多かった江戸《えど》は、ごみの処理《しょり》も問題になっていた。長屋には共同のごみ捨《す》て場が設置《せっち》され、木片《もくへん》、紙、鉄くずなどは、再《さい》利用でき、売ればお金になることからごみを専門《せんもん》に集める人がいた。

長屋にあった共同のごみ捨《す》て場。

ごみを回収《かいしゅう》に来たくずもの拾い。

季節によって変化した時刻《じこく》

日の出から日没《にちぼつ》までを6等分

江戸時代《えどじだい》の時間の単位は現在《げんざい》の1時間や1分ではなかった。日の出から日没《にちぼつ》まで、日没《にちぼつ》から日の出までをそれぞれ6等分して、「一刻《いっこく》」とした。

現在《げんざい》のように1時間は60分という時間の分け方ではなく、一刻《いっこく》の長さは季節によって変わった。夏は日の出が早く日没《にちぼつ》が遅《おそ》いため、太陽が出ている昼間の時間が長い。逆《ぎゃく》に、夜の時間は短くなる。そのため、夏の一刻《いっこく》は昼間が長く、冬は短かった。一方、冬は夏に比《くら》べ昼が短く夜が長いため、昼の一刻《いっこく》は短く、夜の一刻《いっこく》は長かった。

時刻《じこく》の仕組み

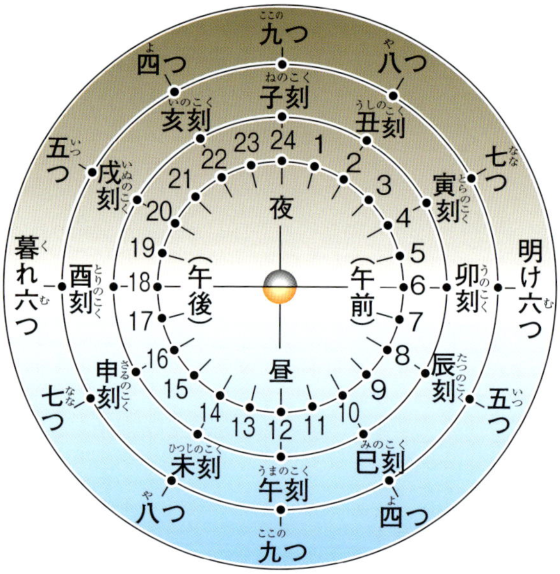

昼と夜をそれぞれ6等分し、形式上24時間に対応《たいおう》させたもの。

日の出が「明け六《む》つ」

日の出を「明け六《む》つ」、正午が「昼九《ここの》つ」、日没《にちぼつ》は「暮《く》れ六《む》つ」とした。「明け六《む》つ」はつねに日の出、「暮《く》れ六《む》つ」はつねに日没《にちぼつ》に当たり、時計がない当時の人たちにとっては、わかりやすい時刻法《じこくほう》だった。

季節による時刻《じこく》の変化

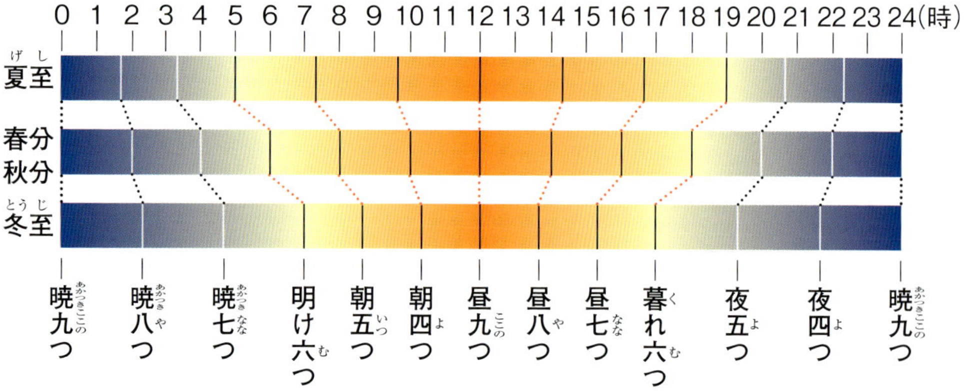

同じ一刻《いっこく》でも、昼なら冬至《とうじ》より夏至《げし》の方が長いことがわかる。

質《しっ》素《そ》だった庶民《しょみん》の食事

今に比《くら》べると質素《しっそ》だった庶民《しょみん》の食事。おかずとして出たのは野菜が多かった。農村部では雑穀米《ざっこくまい》を食べていたが、江戸《えど》では精米《せいまい》された白米を食べることができた。それは、東北や関東地方などの農村部から江戸《えど》にたくさんの米が入っていたからだった。そのため江戸《えど》では白米ばかり食べる片寄《かたよ》った食生活から、栄養不足で足がしびれる「脚気《かっけ》」という病気になる人がいた。当時は脚気《かっけ》の原因が栄養不足ということは知られておらず、江戸《えど》特有に見られたことから「江戸《えど》やみ」と呼《よ》ばれていた。

江戸庶民《えどしょみん》の食事。ごはん、みそ汁《しる》、おかずの「一汁一菜《いちじゅういっさい》」が一般的《いっぱんてき》だった。

長屋にはかまどと流しがあり、ここで煮炊《にた》きなどをした。米は釜《かま》で炊《た》いた。

（江東区深川江戸資料館）

生活道具にはどんなものがあった？

電気もガスも通っていなかった当時の人たちは、さまざまな工夫《くふう》をして生活を営《いとな》んでいた。鉄と石を利用して火をおこし、火は料理に使うだけでなく、冬場の寒さ対策《たいさく》としても利用されていた。（写真はすべて江東区深川江戸資料館）

火口箱《ほくち》

火打石《ひうちいし》、火打金《ひうちがね》がセットになった箱。石と鉄を打って出た火花から火をおこした。

七輪

屋外で魚などを焼くときに使用する。かまどよりも火の微調整《びちょうせい》をすることができる。

長火鉢《ながひばち》

ストーブがなかった江戸時代《えどじだい》、暖房《だんぼう》器具として活用。また、暖房機能《だんぼうきのう》だけでなく、鉄びんをのせてお湯をわかしたり、引き出しは熱で乾燥《かんそう》するため、のりやたばこを入れたりしていた。

紙ほうろく

長火鉢《ながひばち》の上にかざし、火であぶってお茶の葉をほうじる（湿気《しっけ》を除《のぞ》く）ために使ったもの。

蠅帳《はいちょう》

食べ物にハエがたからないよう、この中に入れて保存《ほぞん》。布《ぬの》で覆《おお》われ、風通しが良い。

箱膳《はこぜん》

ふだんは１人分の食器セットを収納《しゅうのう》し（左）、食べるときはふたと本体を組み合わせ、卓上《たくじょう》台として活用した（右）。箱膳《はこぜん》は主に、一部の農山村や商家で使われていた。

江戸時代《えどじだい》の歯みがきは？

江戸時代《えどじだい》には現在《げんざい》使用されている歯ブラシはなかったが、「総楊枝《ふさようじ》」というものが歯ブラシの代わりに使われていた。ヤナギやクロモジという植物の木から作られ、先端《せんたん》を打ち砕《くだ》き、ふさになった部分を使用した。

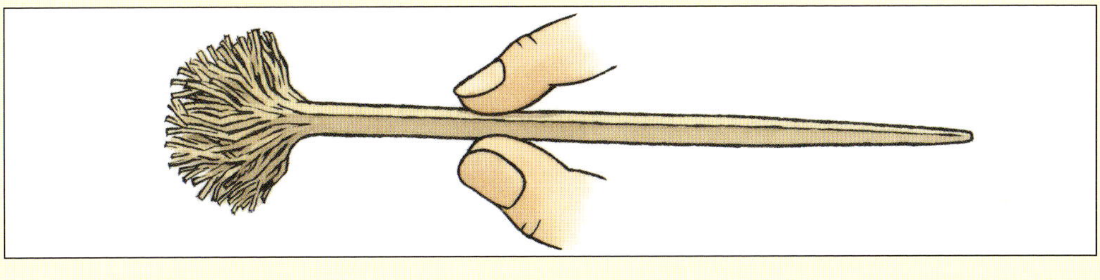

電気がなかった江戸時代《えどじだい》は、行灯《あんどん》とろうそくが一般的《いっぱんてき》な明かりだった。これらの明かりは、蛍光灯《けいこうとう》のように全体を照らすものではなく、必要な部分だけを照らした。そのため、今の時代と比《くら》べるとかなり暗いものだった。また、行灯《あんどん》に使う油やろうそくは高価《こうか》だったため、庶民《しょみん》は節約《せつやく》しながら使っていた。当時は、現代人《げんだいじん》のように深夜まで起きていることも少なく、早めに寝《ね》ていたようだ。

行灯《あんどん》

（江東区深川江戸資料館）

最も普及《ふきゅう》した照明。中に灯明皿《とうみょうざら》が入っていて、菜種油《なたねあぶら》や魚油《ぎょゆ》（イワシの油）などが燃料《ねんりょう》になった。灯しんにはイグサという植物を使った。

ろうそく

（千葉県立房総のむら）

ハゼの実などが原料のろうそくは江戸時代《えどじだい》から作られ始め、当時は高級品だった。

瓦灯《がとう》

（江東区深川江戸資料館）

行灯《あんどん》と同じように灯明皿《とうみょうざら》を使用。切れ込《こ》みから内部の皿にともした炎《ほのお》の明かりが漏《も》れる。

長さ、重さ、容積《ようせき》の単位「度《ど》量《りょう》衡《こう》」

当時使われていた単位は、今と大きく違《ちが》っていた。計量の単位「度量衡《どりょうこう》」という言葉は、度＝長さ、量＝容積《ようせき》、衡《こう》＝重さを表した。

重さ

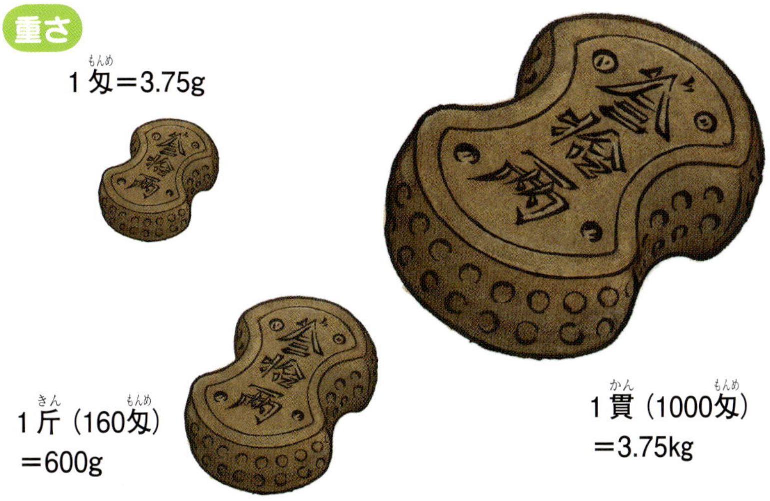

容積《ようせき》

1合＝0.18ℓ
1升《しょう》（10合）＝1.8ℓ
1斗《と》（10升《しょう》）＝18ℓ
1石《こく》（10斗《と》）＝180ℓ

小学校高学年ぐらいの身長と体重は…

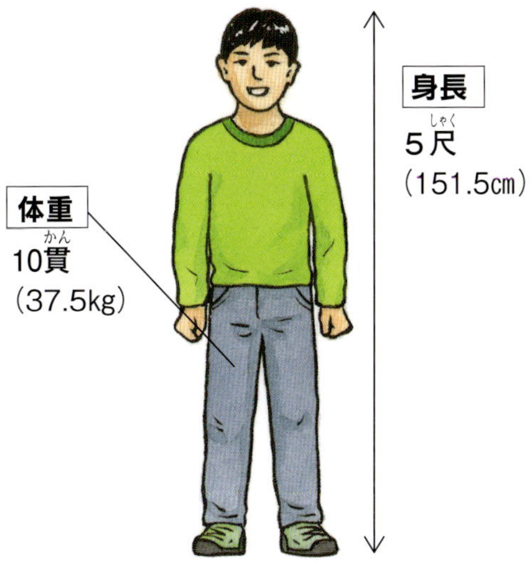

長さ・距離《きょり》

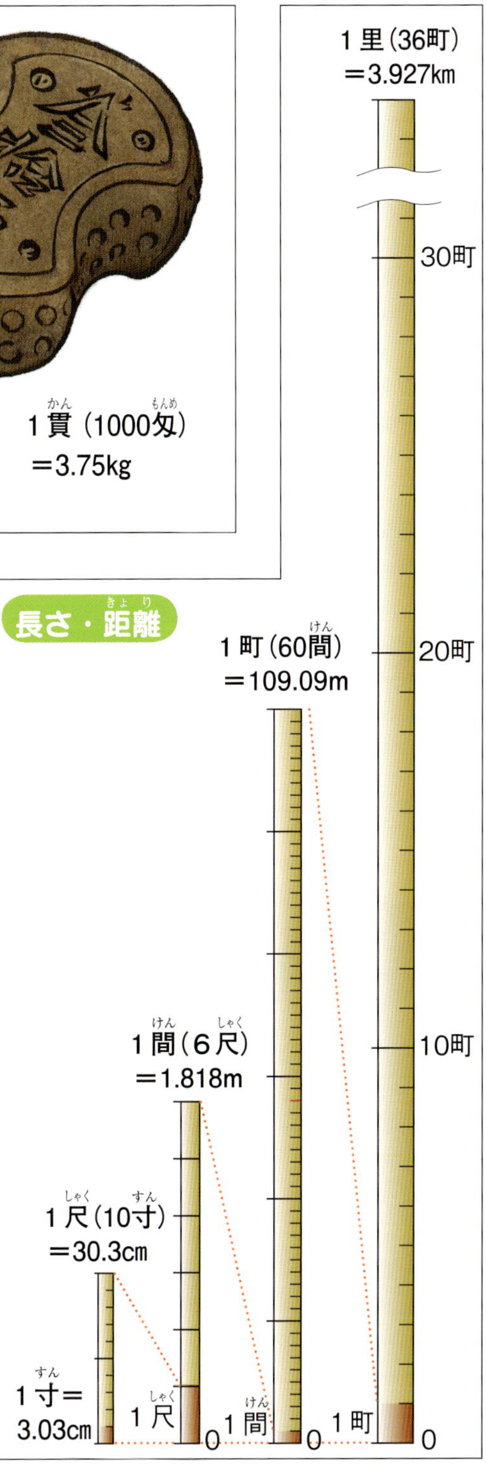

体験コーナー

火《ひ》打《うち》石《いし》で火をおこす

マッチやライターがなかった江戸時代《えどじだい》、火をおこすには、火打石《ひうちいし》と火打金《ひうちがね》を利用した。鋼鉄《こうてつ》の板に石を打ちつけ、出た火花を燃《も》えやすい素材《そざい》「火口《ほくち》」に移《うつ》す。江戸《えど》では、これらがセットになったものが広く普及《ふきゅう》していた。

①鋼鉄《こうてつ》でできた火打金《ひうちがね》（左）と、硬《かた》い岩石や鉱物《こうぶつ》の火打石《ひうちいし》を用意する。
②燃《も》えやすい素材《そざい》、火口《ほくち》（枯《か》れ木の炭や植物のガマの穂綿《ほわた》などで作る）を石の上にのせる。
③火打金《ひうちがね》と火打石《ひうちいし》を打ち合わせ、火花を出す。
④火口《ほくち》に点火したら、硫黄《いおう》を塗《ぬ》った木「付け木」を使って火種を炎《ほのお》にする。

（撮影協力：和光大学講師・関根秀樹氏）

体験コーナー

木の実が原料の「和ろうそく」

現在《げんざい》一般的《いっぱんてき》に使われているろうそくは石油から取り出されるパラフィンという素材《そざい》のものだが、江戸時代《えどじだい》にはハゼの実などが原料の和ろうそくが使われていた。和ろうそくは庶民《しょみん》にとっては高価《こうか》なものだった。

①ろうになるハゼの実（左）、しんにはイグサのしん（右）を使う。

②クリーム状《じょう》に溶《と》かしたろうを塗《ぬ》りつけていく。

③ろうの塗《ぬ》りつけが終わったら、先端《せんたん》のしんを出す。

④完成。ろうそくにはこのほか、ミツバチの巣が原料の「蜜《みつ》ろう」などもある。

（撮影協力：千葉県立房総のむら）

湯屋を訪《おとず》れる

「そういえば、ここにはお風呂《ふろ》がないよね？ みんなどうしてるの？」

　ダイスケはりょうに尋《たず》ねた。

「お風呂《ふろ》はみんな湯屋に入りにいくのよ。せっかくだからみんなで行ってみようか？」

　りょうが言い、一行は江戸《えど》の町中へ。町中では、さまざまな行商人が物を販売《はんばい》し、あちこちにそばやすしなどの屋台も出ている。少し歩くと、大きな建物の前へ出た。

「これが湯屋か。今の銭湯《せんとう》だね。男湯と女湯にちゃんと分かれているわ」
　とアイコ。するとりょうは、
「ここは男女別だけど、以前は混浴《こんよく》のところも多かったのよ。もっとも夜は暗くてよく見えないけどね」
「ええ！　混浴《こんよく》!?」と驚《おどろ》く４人。
「あんたたちと混浴《こんよく》なんてまっぴらよ！　ここは男女別でよかった」
　アイコは、ほっと胸《むね》をなで下ろした。

湯屋の仕組み

燃料《ねんりょう》の値段《ねだん》が高いことや火事になる心配から、一部の武家屋敷《ぶけやしき》を除《のぞ》いてほとんどの家には風呂《ふろ》がなく、庶民《しょみん》は「湯屋」（銭湯《せんとう》）に通った。湯屋は老若男女《ろうにゃくなんにょ》が集まる社交場でもあった。

目印に「矢」を

湯屋は江戸時代《えどじだい》の中期ごろまで混浴《こんよく》が普通《ふつう》だったが、風紀上の理由から禁止《きんし》され、男女別の浴槽《よくそう》が設《もう》けられたり、男女別の入浴日が決められたりした。湯屋の目印には、しゃれで「湯入る」→「弓（で）射《い》るもの」→「弓矢」として木製《もくせい》の矢が使用された。

今の銭湯《せんとう》と同じように、入り口を入ると番台でお金を払《はら》い、履《は》き物《もの》を下駄箱《げたばこ》に入れ、脱衣所《だついじょ》に向かう。脱衣所《だついじょ》の奥《おく》に洗《あら》い場《ば》、浴槽《よくそう》があった。浴槽《よくそう》の前は鳥居《とりい》のようなデザインの「ざくろ口」というもの

湯屋を題材にしたこんな絵も描《えが》かれた。
歌川芳藤《よしふじ》「猫《ねこ》の女風呂《おんなぶろ》」（静岡県立中央図書館蔵）

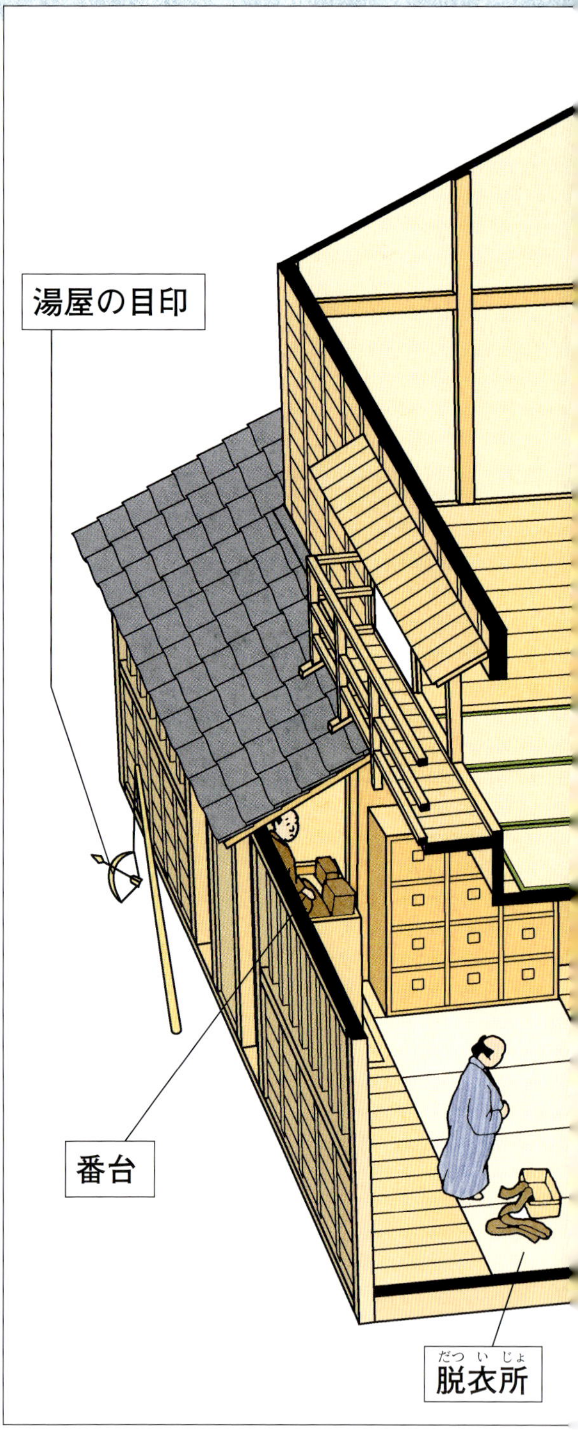

があった。ざくろ口は、浴槽《よくそう》の熱気を外に逃《にが》さないようにする役割《やくわり》があり、湯屋のシンボルにもなっていた。

男湯には二階に男性専用《だんせいせんよう》の社交場があり、入浴を済《す》ませた後は、二階で体を乾《かわ》かしながら世間話に花を咲《さ》かせていたのだ。

さまざまなものを売った行商人

魚売り

魚は江戸《えど》の庶民《しょみん》に人気があった。魚売りは威勢《いせい》よく売り歩いていた。

貸本屋《かしほんや》

書物は人気があったが安いものではなかったため、貸本《かしほん》を専門《せんもん》に扱《あつか》う人がいた。

ざる売り

ざるやひしゃくなどの竹製品《せいひん》を専門《せんもん》に扱《あつか》い、前が見えないぐらい荷を担《かつ》いでいた。

定斎屋《じょうさいや》（薬売り）

「定斎屋《じょうさいや》」とは、暑気あたり（夏ばて）防止《ぼうし》の薬を売っていた人のこと。

江戸《えど》では荷物を担《かつ》いで商品を売り歩く人が大勢《おおぜい》いた。こうした人たちは「振売《ふりう》り」「棒手振《ぼてふ》り」と呼《よ》ばれていた。

菜売り

小松菜、大根、ねぎ、にんじんなどの季節のものを売り歩いた。

豆腐《とうふ》売り

江戸《えど》時代は豆腐《とうふ》を使った料理の本も出版《しゅっぱん》されるほど、豆腐《とうふ》は一般的《いっぱんてき》な食べ物だった。

シャボン玉売り

シャボン玉売りは、江戸《えど》の夏の風物詩。玉屋とも呼《よ》ばれていた。

かわら版《ばん》読売《よみうり》

現在《げんざい》の新聞に当たる「かわら版《ばん》」を読みながら売り歩いていた。読売《よみうり》ともいう。

外食を支《ささ》えた「屋台」

江戸《えど》の町は、地方から働きに来ている男性《だんせい》が多いこともあり、外食店が発達していた。高級料理店から屋台までいろいろなものがあったが、江戸《えど》では特にそば屋、天ぷら屋、すし屋などが人気だった。

二八そば（そば屋）

「二八」の語源《ごげん》は、１杯《ぱい》16文（にはち16）の値段《ねだん》由来説と、そば粉８：小麦粉２の割合説《わりあいせつ》がある。

天ぷら屋

天ぷら屋台は串《くし》に刺《さ》した魚介《ぎょかい》の天ぷらを売っていた。ファストフードとして繁盛《はんじょう》していた。

今につながる江戸《えど》の人気店

現在《げんざい》も東京には、江戸時代《えどじだい》から続く老舗《しにせ》の百貨店などが数多く残っている。これらの店は江戸《えど》だけでなく、京都や名古屋などが発祥《はっしょう》で江戸《えど》に支店《してん》を出していたものも多い。

背景《はいけい》に描《えが》かれているのが松坂屋。国芳《くによし》「松坂屋之《の》図」（東京都立中央図書館東京誌料文庫蔵）

（右）背景《はいけい》にあるのが大丸。歌川広重「名所《めいしょ》江戸《えど》百景《ひゃっけい》　大伝馬町呉服店《ごふくてん》」
（左）背景《はいけい》にあるのは三越《みつこし》。当時は「越後屋《えちごや》」という名前だった。
歌川広重「富士《ふじ》三十六景二　東都駿河町《するがちょう》」（ともに中央区立京橋図書館蔵）

リサイクルは進んでいた？

江戸《えど》では着物や紙くずなどさまざまなものがリサイクルされていた。ただし、環境《かんきょう》のことを考えてというのではなく、リサイクルは商品として再《さい》利用するために行われていた。商売になるものに関しては、資源《しげん》を徹底的《てっていてき》に有効《ゆうこう》活用した。

繁盛《はんじょう》した古着屋

江戸《えど》の庶民《しょみん》が日常的《にちじょうてき》に着る服は、古着や継《つ》ぎ当てをしたものが一般的《いっぱんてき》だった。そのため、江戸《えど》では庶民《しょみん》のための古着屋が繁盛《はんじょう》していた。着物は何度も繰《く》り返して利用され、最終的にはおむつやぞうきんなどになった。

江戸《えど》には古着屋が集まっている一角があった。

竹ざおを肩《かた》にかけ、布《ぬの》をつるして売り歩く行商人もいた。

■いろいろなものの再《さい》利用や修理《しゅうり》

灰《はい》買い

古傘《ふるがさ》買い

提灯《ちょうちん》張《は》り替《か》え

雪駄《せった》直し

●**灰《はい》買い**…長屋や商家のかまどや炉《ろ》に余《あま》った灰《はい》を買い集め、農業用肥料《ひりょう》や染《そ》め物用《ものよう》などとして販売《はんばい》した。

●**古傘《ふるがさ》買い**…古くなった傘《かさ》の油紙や竹の部分を修理《しゅうり》して販売《はんばい》した。

●**提灯《ちょうちん》張《は》り替《か》え**…提灯《ちょうちん》の紙が破《やぶ》れたときなどに、紙を新しく張《は》り替《か》えて、提灯《ちょうちん》に文字を書き入れた。

●**雪駄《せった》直し**…雪駄《せった》の底がすり減《へ》ると修理《しゅうり》をしてくれた。

飲み水を確保《かくほ》するために

江戸湾《えどわん》を埋《う》め立てて町をつくった江戸《えど》。井戸《いど》を掘《ほ》っても出てくるのは海水ばかりで飲み水には適《てき》さなかった。そこで、飲み水を確保《かくほ》するために上水（水道）を整備《せいび》する必要があった。

地下の木管を通って江戸《えど》へ

長屋の一角には共同の井戸《いど》があり、地下に埋《う》められた石や木、竹の管を通って郊外《こうがい》の水源《すいげん》から江戸《えど》へと水が流れていた。長屋の井戸《いど》では、竹ざおや滑車《かっしゃ》を使ったおけで、地下の水をくみ上げ、飲み水や食器の洗浄《せんじょう》などに利用していた。

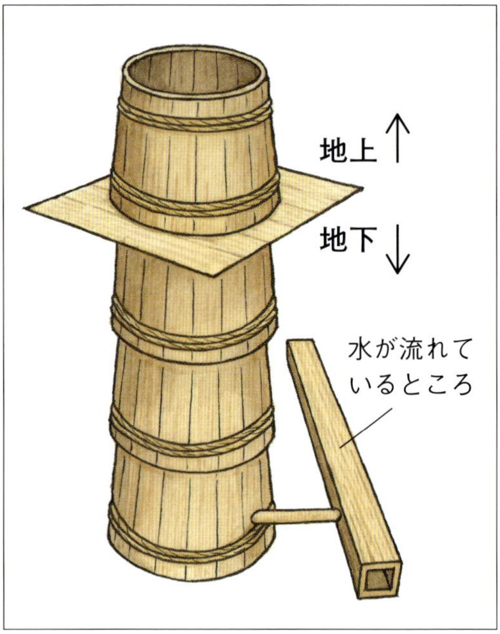

地上から地下の水をくみ上げた。

井戸端《いどばた》会議

長屋の主婦《しゅふ》たちは、井戸《いど》の端《はし》で衣類の洗濯《せんたく》、食器の洗浄《せんじょう》などをしながら、世間話や噂話《うわさばなし》をしていた。これが「井戸端《いどばた》会議」の語源《ごげん》。また、井戸《いど》の底にたまったごみの掃除《そうじ》も長屋の住人が共同で行ったため、ここで連帯感が生まれることもあった。

長屋にあった共同の井戸《いど》（左）。地域《ちいき》によっては、水がめ（右）を活用し、購入《こうにゅう》した水を保存《ほぞん》して使っていた。（江東区深川江戸資料館）

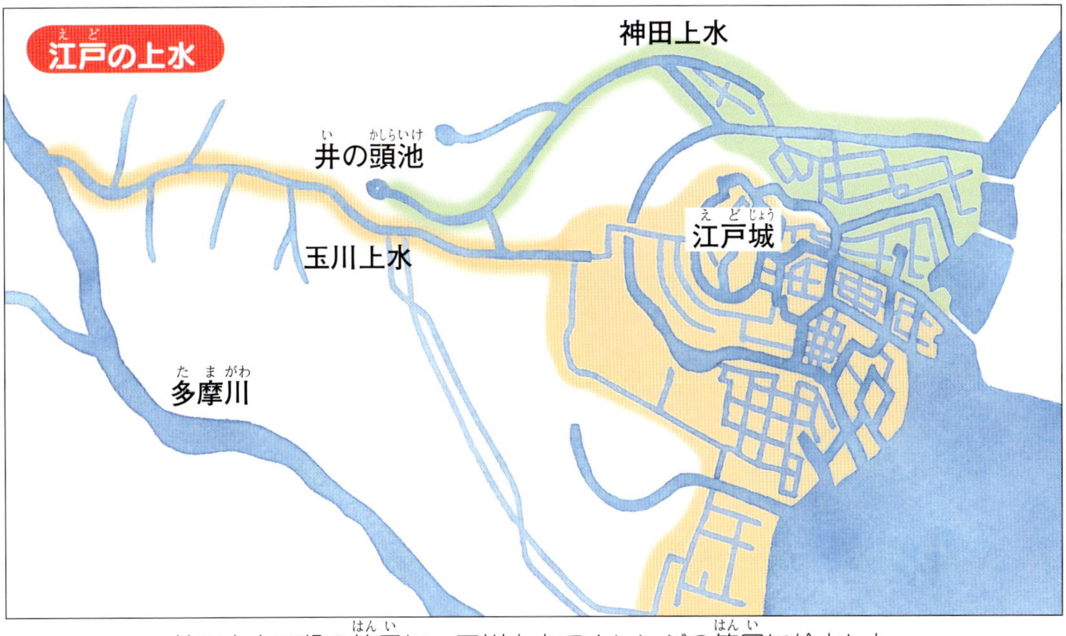

神田上水で緑の範囲《はんい》に、玉川上水でオレンジの範囲《はんい》に給水した。

江戸《えど》の水源《すいげん》

飲料水不足に悩《なや》む江戸《えど》で最初に水道として整備《せいび》されたのは、井《い》の頭池《かしらいけ》を主水源《しゅすいげん》とする神田上水だ。神田上水は神田や日本《にほん》橋《ばし》あたりまで給水されていた。その後、江《え》戸《ど》の人口増加《ぞうか》に伴《ともな》い、神田上水だけでは水が足りなくなり、多摩川《たまがわ》を水源《すいげん》とする玉川上水などが整備《せいび》されていった。

これらの上水は江戸《えど》に入る前は地上を流れるが、江戸《えど》に入ると地下を流れ、井《い》戸水《どみず》として利用されていた。

日本最古の水道の水源《すいげん》

日本最古の都市水道として整《せい》備《び》された神田上水。その主水源《しゅすいげん》となった井《い》の頭池《かしらいけ》は、江戸時代《えどじだい》にはわき水が豊富《ほうふ》に出ていた。しかし現在《げんざい》はほぼ枯渇《こかつ》しており、井戸水《いどみず》をくみ上げて池の水を供《きょう》給《きゅう》している。池は東京都三鷹市《みたかし》と武蔵野市《むさしのし》にまたがる井《い》の頭恩《かしらおん》賜《し》公園内にあり、繁華街《はんかがい》に近いことから多くの人が訪《おとず》れている。

現在《げんざい》の井《い》の頭池《かしらいけ》。昔の様子を再現《さいげん》した場所も。

火事に遭遇《そうぐう》

お風呂《ふろ》に入り、さっぱりとしたシンヤたち。ゆったりくつろいでいると突然《とつぜん》、半鐘《はんしょう》の音がけたたましく鳴り響《ひび》いた。ソラがほえる方向を見ると、黒い煙《けむり》が見える。どうやら火事のようだ。走って近づいていくと、すでに消火活動が始まっていた。中には大きな目印のような棒《ぼう》を持った人たちが大勢《おおぜい》いる。

「あれは火消したちよ」

りょうは心配そうな表情《ひょうじょう》でつぶやいた。

「このお店のおじいちゃん、足が弱っていたけど大丈夫《だいじょうぶ》かしら？」

こうしている間にも消火活動は続いている。すると、燃《も》える建物の中から、大《おお》柄《がら》な男性《だんせい》２人に連れられて、初老の男性《だんせい》が出てきた。

「おじいちゃん無事だったんだ！」

アイコはりょうの手をしっかりと握《にぎ》り、叫《さけ》んだ。シンヤ、ジュンイチ、ダイスケも顔を見合わせ、ほっとした表情《ひょうじょう》を見せた。

火事が多い江戸《えど》で活躍《かつやく》した火消し

頻発《ひんぱつ》した火事

木造《もくぞう》家屋が密集《みっしゅう》していた江戸《えど》では、火事が頻繁《ひんぱん》に発生した。明暦《めいれき》3年（1657）には大火事が起こり、2日で江戸《えど》の半分以上が焼け、死者は数万～10万人に及《およ》んだと言われている（明暦《めいれき》の大火）。

このときの火事で江戸《えど》のシンボルだった江戸城《えどじょう》の天守も焼け、以後再建《さいけん》されることはなかった。

嫌《きら》われた「へ」「ら」「ひ」

火事対策《たいさく》として、「大名火消」や町人による「町火消」が整備《せいび》され、町火消は「いろは」順に47の組が作られた（後に48組に）。47文字の中で「へ」「ら」「ひ」は語感

芳虎《よしとら》「纏尽《まといづくし》 江戸《えど》の花子供《こども》遊び 一番組い組」（国立国会図書館蔵）

威勢《いせい》よくまといを持つ火消し。

江戸《えど》の3分の1を焼いたという大火事の光景。「目黒行人坂火事絵巻《えまき》」（国立国会図書館蔵）

が嫌《きら》われたため、代わりに「百」「千」「万」の字があてられた。

火消しが持っている棒《ぼう》の先端《せんたん》についている大きくて丸いものは、「まとい」と言う。まといは各組によってさまざまなデザインがあり、まといを掲《かか》げることでどこの組であるかを表した。燃《も》えている建物の近くの屋根に上って、まといを掲《かか》げることは、その組が誇《ほこ》りを持って火事を食い止めるという意思表示《ひょうじ》でもあった。

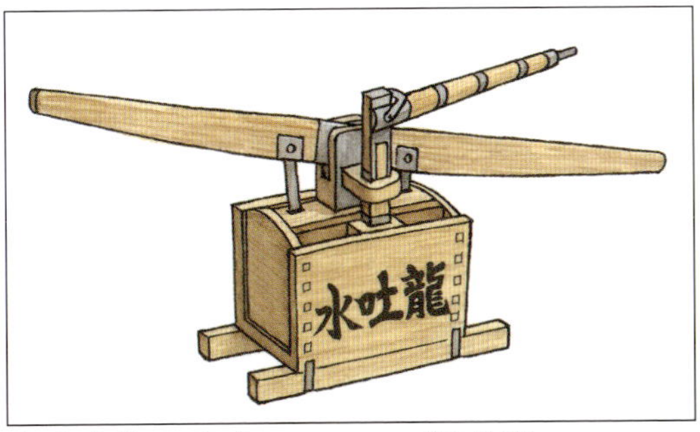

江戸時代《えどじだい》の手押《てお》しポンプ「龍吐水《りゅうどすい》」。水量が多くなかったため、屋根に水をかけ延焼《えんしょう》を防《ふせ》ぐぐらいしか効果《こうか》がなかった。

火事を早期発見するための火の見やぐら。火事になると鐘《かね》を鳴らし、避難《ひなん》を呼《よ》びかけた。

建物を壊《こわ》して消火活動？

現代《げんだい》のような強力なポンプがなかった当時の消火活動は、火の延焼《えんしょう》を防《ふせ》ぐため、周辺の建物を壊《こわ》すことが中心だった。発足当初の町火消は住民が務《つと》めたが、あまり力にならなかったので、後に土木建築《けんちく》の現場《げんば》で働くとび職人《しょくにん》が務《つと》めるようになった。

風下に当たる家を破壊《はかい》して、延焼《えんしょう》を防《ふせ》いだ。

ユキを探《さが》して旅籠《はたご》へ

シンヤたちは一通り江戸《えど》の大通りを歩いたが、ユキは見当たらない。そこで、各地から旅をする人たちが集まるという宿場に行ってみることになった。

宿場には旅籠《はたご》のほか飲食屋などもたくさんあり、数多くの人でにぎわっている。シンヤたちは大きな旅籠屋《はたごや》に思い切って入ってみた。

「いらっしゃい」旅籠《はたご》の主人が勢《いきお》いよく、声をかけた。

「実は僕《ぼく》たちと同じ年の女の子を探《さが》しているんです」

「どんな子だい？」

シンヤは似顔絵《にがおえ》を描《か》いた紙を渡《わた》したが、主人は眉間《みけん》にしわを寄《よ》せた。

「見たことないね」

シンヤの表情《ひょうじょう》が曇《くも》った。その後、あたりの宿を訪《たず》ねてみたが、ユキはおろか、

同じ年代の子どもの姿《すがた》もあまり見当たらない。
「この時代に本当にユキがいるのだろうか？」
　シンヤの頭には否定的《ひていてき》な考えばかりが浮《う》かび、ため息をついた。
「そういえば今思い出したけど、少し前に寺子屋に入ってきた女の子が少し変わり者だって話題になっていた。たしかあなたたちと同じぐらいの年の子よ」
　りょうがそう言うと、シンヤの胸《むね》に期待が膨《ふく》らんだ。

江《え》戸《ど》と京都を結ぶ主要街道《かいどう》「東海道」

将軍《しょうぐん》のいる江戸《えど》と、天皇《てんのう》のいる京都を結ぶ東海道は、江戸時代《えどじだい》の初めに整備《せいび》された街道《かいどう》の中でも最も重要なルートだった。小説や浮世絵《うきよえ》にもたびたび登場し、今も東京と大阪《おおさか》を結ぶ主要道路や電車の路線としてその名残《なごり》をとどめている。

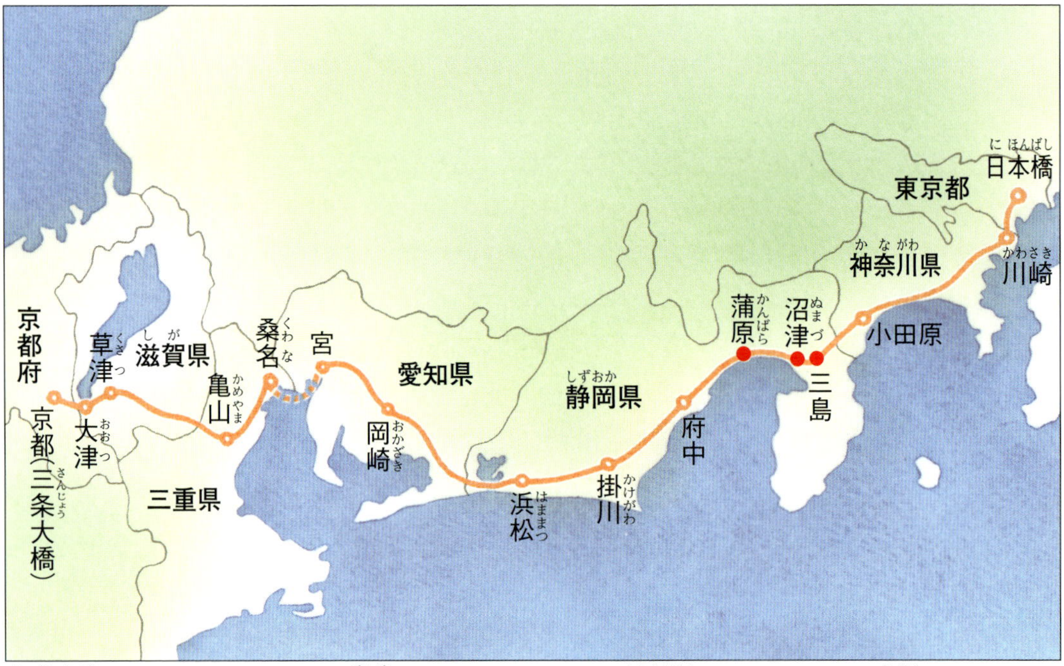

江戸時代《えどじだい》の東海道と主な宿場。現在《げんざい》の国道一号や東海道新幹線《しんかんせん》はこのルートを基本《きほん》にしている。

旅支度《たびじたく》はどうした？

江戸時代《えどじだい》には、旅行に出かける人のためのガイドブックも出版《しゅっぱん》されていた。身軽で荷物は少ない方がよいとされながらも、筆記用具や扇子《せんす》、糸・針《はり》、くし、提灯《ちょうちん》、火打ち道具などが一般的《いっぱんてき》な荷物だった。

歌川広重の「東海道五十三次」

浮世絵師《うきよえし》、歌川広重が東海道の江戸《えど》～京都間の五十三の宿場を描《えが》いた「東海道五十三次」（右ページ）は当時庶民《しょみん》の間で爆発的《ばくはつてき》なヒットとなった。

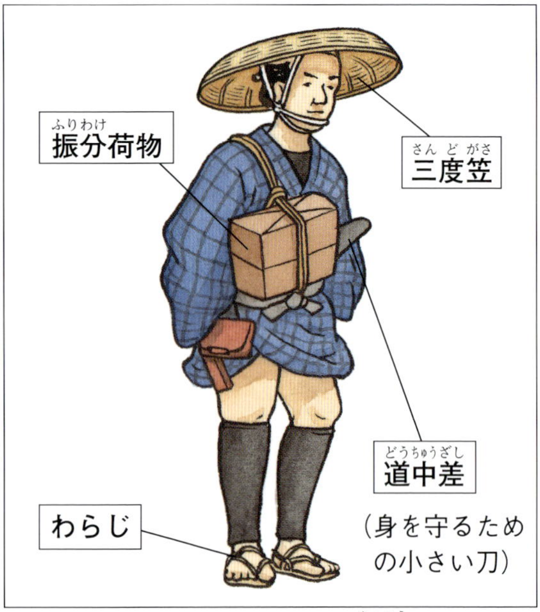

旅に出かける人は、このような格好《かっこう》をしていた。

歌川広重「東海道五十三次　三島　朝霧《あさぎり》」
朝の霧《きり》に包まれた雰囲気《ふんいき》が、シルエットで表現《ひょうげん》されている。
（静岡《しずおか》県三島市）

（３点とも東京都立中央図書館東京誌料文庫蔵）

歌川広重「東海道五十三次　沼津《ぬまづ》　黄昏《たそがれ》図」
てんぐのお面を背負《せお》った男性《だんせい》と、背景《はいけい》の月が印象的。
（静岡《しずおか》県沼津《ぬまづ》市）

歌川広重「東海道五十三次　蒲原《かんばら》　夜之《の》雪」
降《ふ》り積《つ》もる雪の中を旅人たちがすれ違《ちが》っている。「東海道五十三次」の中でも傑作《けっさく》として知られる一枚《まい》。（静岡《しずおか》市）

天下の台所、大坂

全国の年貢《ねんぐ》米が集まる大坂

江戸《えど》、大坂、京都は三都と呼《よ》ばれ、それぞれが重要な役割《やくわり》を果たしていた。徳《とく》川将軍《がわしょうぐん》のいる江戸《えど》が政治《せいじ》の中心だったのに対し、大坂は全国の商業、金融《きんゆう》の中心地だった。大坂には、各藩《はん》*の蔵屋敷《くらやしき》が置かれ、全国から年貢《ねんぐ》米や特産品が集まったことから「天下の台所」と呼《よ》ばれた。その背景《はいけい》には水運がよかったということもあり、大坂は各地と船で結ばれていた。ちなみに、現在《げんざい》の「大阪《おおさか》」という漢字は明治時代に定着したもので、江戸時代《えどじだい》は「大坂」という表記だった。

手工芸都市、京都

政治《せいじ》の中心が将軍《しょうぐん》のいる江戸《えど》に移《うつ》ってからも、都として千年近くの歴史があり天皇《てんのう》がいた京都は、伝統《でんとう》を受け継《つ》ぐ手工芸都市として栄えていた。西陣織《にしじんおり》（絹織《きぬおり》物《もの》）や京焼き（陶磁器《とうじき》）などの工芸品が特に有名だった。

＊藩《はん》とは、江戸時代《えどじだい》の大名が支配《しはい》した地《ち》域《いき》とその仕組み。藩《はん》の中では、ある程《てい》度《ど》の政治《せいじ》、経済《けいざい》、社会が自立していて小さな国のようなものだった。京都や大坂などの重要な場所は藩《はん》ではなく、幕府《ばくふ》が直接支配《ちょくせつしはい》する「直轄地《ちょっかつち》」だった。

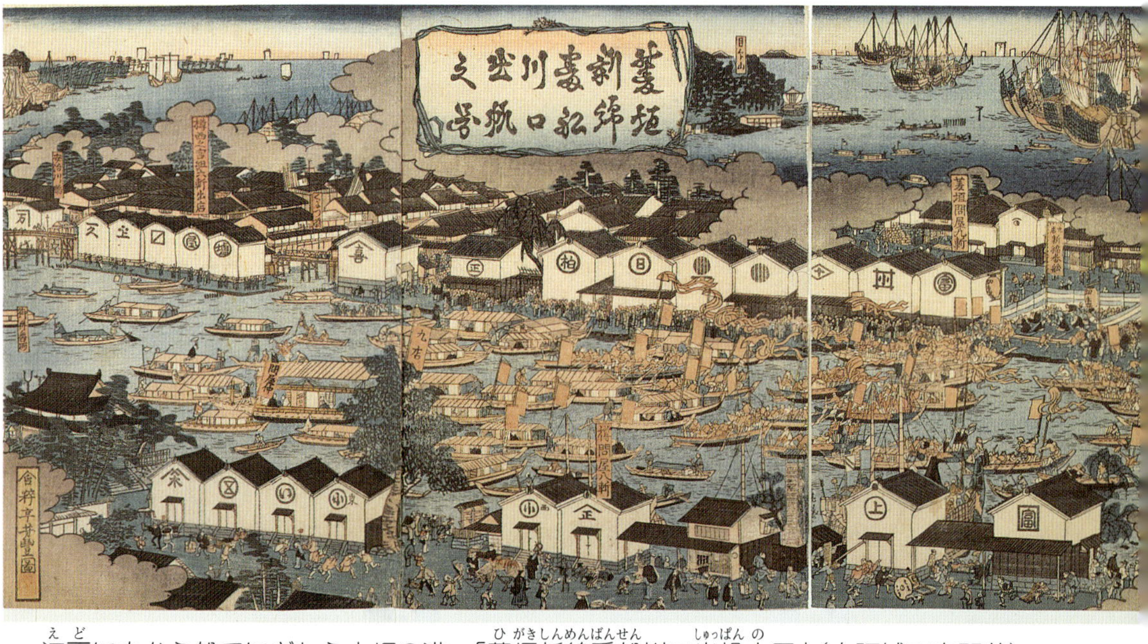

江戸《えど》に向かう船でにぎわう大坂の港。「菱垣新綿番船《ひがきしんめんばんせん》川口出帆之《しゅっぱんの》図」（大阪城天守閣蔵）

江戸時代《えどじだい》の日本の各地

海外貿易《ぼうえき》の窓口《まどぐち》になった長崎《ながさき》・出島

右側が出島。橋で長崎《ながさき》市中とつながっている。「寛文長崎図屏風《かんぶんながさきずびょうぶ》」（長崎歴史文化博物館蔵）

もともとはポルトガル人を隔離《かくり》

江戸幕府《えどばくふ》は海外との貿易《ぼうえき》を制限《せいげん》し、海外へ出ることを禁《きん》じる「鎖国《さこく》」をしていたが、長崎《ながさき》に築《きず》かれた扇形《おうぎがた》の人口島・出島だけは別で、幕府《ばくふ》が直接《ちょくせつ》オランダと貿易《ぼうえき》を行っていた。

江戸時代《えどじだい》以前から長崎《ながさき》はポルトガル貿易《ぼうえき》とキリスト教布教《ふきょう》活動の中心地になっていた。出島はもともとキリスト教の布教《ふきょう》活動を行うポルトガル人を隔離《かくり》するために築《きず》かれた。しかし、キリスト教の弾圧《だんあつ》が徹底《てってい》できなかったため、ポルトガルとの貿易《ぼうえき》が打ち切られ、ポルトガル人は追放された。その後、オランダの商館が出島に移《うつ》され、キリスト教の布教《ふきょう》活動をしないオランダと貿易《ぼうえき》を行うことになった。出島は長崎《ながさき》市中と1本の橋でつながっていたが、オランダ人が勝手に長崎《ながさき》市中に出ることは禁止《きんし》されていた。

4つの貿易窓口《ぼうえきまどぐち》

鎖国《さこく》といっても外国との貿易《ぼうえき》が行われていたのは出島だけではなく、合計4か所の窓口《まどぐち》があった。出島を含《ふく》めて長崎《ながさき》は幕府《ばくふ》が直接支配《ちょくせつしはい》し中国とも貿易《ぼうえき》を行ったほか、対馬藩《つしまはん》（長崎《ながさき》県）は朝鮮《ちょうせん》と、薩摩藩《さつまはん》（鹿児《かご》島《しま》県）は琉球《りゅうきゅう》と、松前藩《はん》（北海道）はアイヌと、各藩《はん》がそれぞれ貿易《ぼうえき》を行っていた。

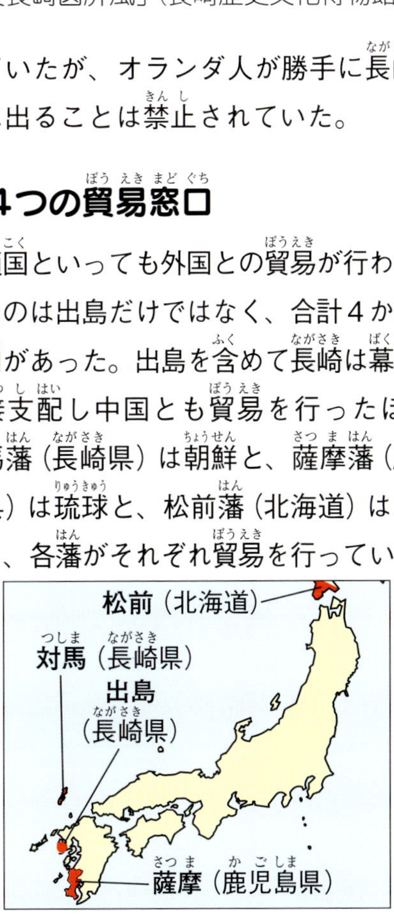

一両でどれだけ買える？

3種類のお金

江戸時代《えどじだい》の通貨は、大きく分けて金貨、銀貨、銭貨《せんか》の3種類があった。江戸《えど》を中心とした東日本では、主に金貨と銭貨《せんか》が使われ、京都や大坂などの上方では、主に銀貨と銭貨《せんか》が使われた。

一両で1年分のお米

小判《こばん》一両（金貨）で、大人1人の1年分の米が買えた。屋台では16文《もん》でそばを食べられたことから、現在《げんざい》のかけそばを200～400円ぐらいとすると、1文《もん》は12～25円ぐらいになると言われている。

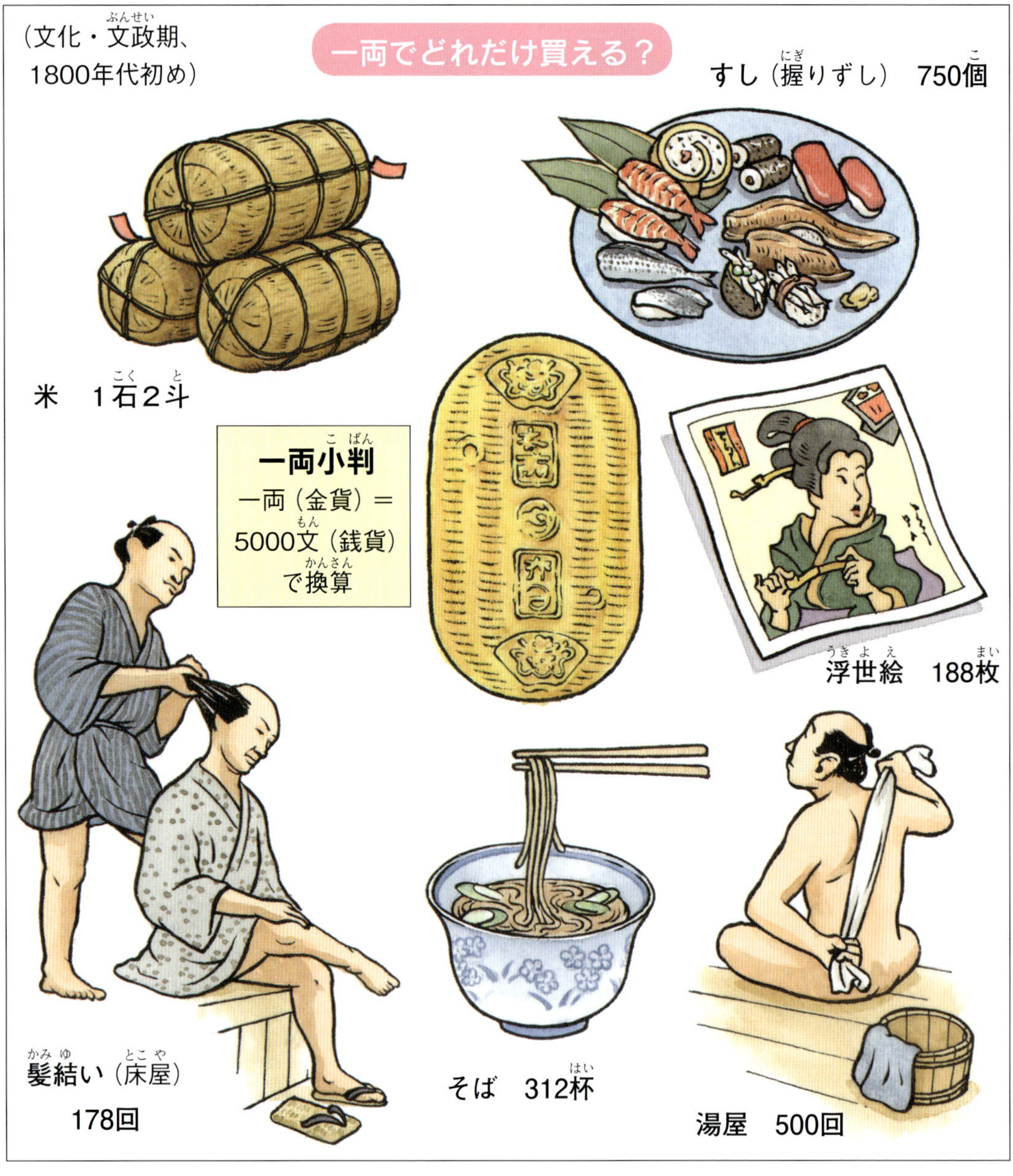

雨の日に適《てき》した服装《ふくそう》

油で防水《ぼうすい》加工

江戸時代《えどじだい》になると、雨をはじく防水《ぼうすい》加工をした傘《かさ》やかっぱが作られるようになり、庶民《しょみん》にも普及《ふきゅう》した。傘《かさ》は木や竹で柄《え》と骨組《ほねぐ》みを作り、和紙を張り合わせ、油で防水《ぼうすい》加工をする。傘《かさ》は実用的なもののほか、歌舞伎《かぶき》やお祭りの小道具として使われることもあった。

雨具には傘《かさ》のほか、頭にかぶる笠《かさ》やみのもあった。これは手を使わなくてもいいので、農作業などには便利だった。

傘《かさ》は厚手《あつで》の紙に油を染《し》み込《こ》ませていた。
（江東区深川江戸資料館）

寺子屋で再会《さいかい》

　次の日、話題になっていた寺子屋に向かった。すると、十数人の子どもたちがいる部屋の奥《おく》に、見慣《みな》れた顔があった。
「ユキ！」シンヤは叫《さけ》んだ。
「みんな！」ユキも驚《おどろ》き、目を大きく見開いた。５人は突然《とつぜん》大きな揺《ゆ》れが起き、学校で離《はな》れ離《ばな》れになってからようやく再会《さいかい》を果たした。
「あの地震《じしん》が起きて、私《わたし》も気づいたらこの時代に。なぜかはわからないけど…」
「私《わたし》たちも同じような状況《じょうきょう》だったんだよ」
　アイコは涙《なみだ》ぐみながら再会《さいかい》を喜んだ。
「元気だった？」
　シンヤはうれしさのあまり、興奮《こうふん》した様子で尋《たず》ねた。

「うん！」ユキは大きく笑ってうなずいた。

ユキは、江戸《えど》にすっかりなじんでいるように見えた。

「ここでの習い事を教えてあげる」

ユキはほほ笑み、すずりで墨《すみ》をすり、毛筆で「喜」と書き上げた。習字が苦手なシンヤは感心し、どうすればそんなにうまくできるのかと尋《たず》ねると、

「ゆっくりとひとつひとつ止めて書くことが大切よ」

とシンヤにきれいに書くコツを伝えた。ユキのアドバイス通りにすると、シンヤの字もそれなりのものに見えた。

「さすがユキ。シンヤがいつも書く字よりだいぶうまいよ。やっぱりシンヤにはユキが必要なんだな」

冷やかすようにジュンイチは笑った。

読み・書き・そろばんを学ぶ寺子屋

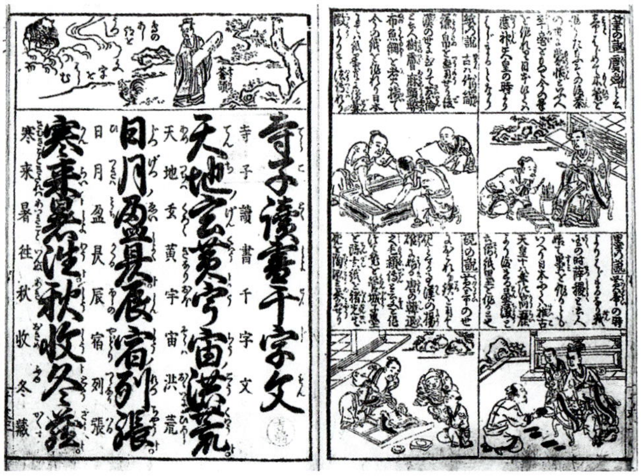

寺子読書千字文

天地玄黄宇宙洪荒

日月盈昃辰宿列張

寒来暑往秋収冬蔵

寺子屋で使われていた書物。「寺子読書千字文」（東京都立中央図書館東京誌料文庫蔵）

庶民《しょみん》の教育機関

江戸時代《えどじだい》の後半から、庶民《しょみん》の教育機関である寺子屋が各地で普及《ふきゅう》した。寺子屋では、武士《ぶし》、医者、町人など、さまざまな身分の人が師匠《ししょう》となり、「読み・書き・そろばん」を教えた。

読み・書きは習字をしながら文字を覚えさせるのが一般的《いっぱんてき》。内容《ないよう》は、いろは、数字、商売に関する文字など。さらに、算《さん》術《じゅつ》、漢学の素読《そどく》（文章の意味を気にせず、音読すること）、女子の場合は裁縫《さいほう》などを教わることもあった。寺子屋には8～9歳《さい》くらいから通い始め、学習期間は3～5年ほどだった。江戸《えど》では800もの寺子屋があったという記録もある。お寺でお坊《ぼう》さんが子どもに読み・書きを教え、その子どものことを寺子と呼《よ》んでいたことが寺子屋の起源《きげん》と言われている。

寺子屋では、子どもたちが大騒《おおさわ》ぎすることもよくあった。「寺子屋幼《おさな》遊び」（たばこと塩の博物館蔵）

ニュースを伝えた「かわら版《ばん》」

新聞の原型

江戸《えど》で起きた大地震《おおじしん》の被害状況《ひがいじょうきょう》を伝えるかわら版《ばん》。
「安政《あんせい》二年江戸大地震《えどおおじしん》火事場の図」（国立国会図書館蔵）

テレビやラジオ、インターネットなどがなかった当時、情報《じょうほう》伝達の手段として重要な役割《やくわり》を果たしたのが、かわら版《ばん》だ。これは、売り子が内容《ないよう》を読みながら販売《はんばい》したことから読売《よみうり》とも呼《よ》ばれていた。

かわら版《ばん》は、今の新聞の号外のようなもので、大地震《だいじしん》、病気の流行、黒船の来航などの世間を揺《ゆ》るがすような大きなニュースがあると発行された。江戸《えど》でかわら版《ばん》が普及《ふきゅう》していたことから、文字を読める人の割合《わりあい》（識字率《しきじりつ》）が高かったことがわかる。寺子屋の普及《ふきゅう》や識字率《しきじりつ》の高さは、当時の日本の教育レベルの高さを示《しめ》すものと考えられている。

実測《じっそく》による初の日本地図を作成した伊能忠敬《いのうただたか》

測量《そくりょう》による日本地図を作成したことで知られる伊能忠敬《いのうただたか》。

50歳《さい》を過《す》ぎてから天文学を学び、方位盤《ほういばん》などの測量《そくりょう》器具を駆使《くし》して、北海道から九州までを測量《そくりょう》して日本地図を作成した（実際《じっさい》に完成したのは死後、弟子たちの手によって）。

伊能忠敬《いのうただたか》の作った地図は、現代《げんだい》の地図と比《くら》べても誤差《ごさ》はわずか。当時は国防上《こくぼうじょう》の理由から正確《せいかく》な地図を作成することはとても大切だった。

（上）伊能忠敬《いのうただたか》
（右）測量《そくりょう》に使った「象限儀《しょうげんぎ》」。星の高度を測《はか》り、観測《かんそく》地点の緯度《いど》を知る道具。
（２点とも、伊能忠敬記念館蔵）

お祭りに出かける

「そういえば明日、大きなお祭りがあるわ。みんなで行ってみない？」

ユキが提案《ていあん》をすると、

「それはいいね」とみんなはうなずいた。

祭り当日。江戸《えど》に詳《くわ》しくなったユキが、シンヤたちを案内した。江戸中《えどじゅう》の人たちが一同に集まったかのような人の多さだ。

「すごい人だね。迷子《まいご》にならないように気をつけないと」

シンヤはきょろきょろと周りを見ながら言った。ユキは、

「シンヤとこうして歩くのも久《ひさ》しぶりね」

と笑った。そのとき、シンヤが何かにぶつかった。

「無礼者！ どこを見て歩いておる！」

ふと見ると、ぼろぼろの格好《かっこう》をした怪《あや》しい雰囲気《ふんいき》の浪人風《ろうにんふう》の武士《ぶし》が激《はげ》しく怒《おこ》っている。

「子どもがぶつかったぐらいでそんなに怒《おこ》ることないでしょ」

シンヤがふてくされて言うと、浪人《ろうにん》は刀に手をかけたが思い直し、言った。

「ここでは斬《き》らんが、明日１対１で決闘《けっとう》だ。夕刻《ゆうこく》、高台の神社裏《うら》で待つ」

シンヤの表情《ひょうじょう》が厳《きび》しくなった。

にぎわう江戸《えど》の二大祭り

江戸《えど》で最も盛《も》り上がったお祭りのひとつ、山王《さんのう》祭の様子。
楊洲周延《ようしゅうちかのぶ》「江戸風俗《えどふうぞく》十二ケ月之《の》内　六月　山王《さんのう》祭」（東京都立中央図書館東京誌料文庫蔵）

今も続く山王《さんのう》祭と神田祭

お祭りが大好きだった江戸《えど》っ子。中でも人びとを熱狂《ねっきょう》させたのは隔年《かくねん》交代で行われた山王《さんのう》祭と神田祭。この２つは、祭礼行列が江戸城《えどじょう》に入って将軍《しょうぐん》も見物したことや幕府《ばくふ》の財政支援《ざいせいしえん》があったことから「天下祭」とも呼《よ》ばれ、ほかのお祭りとは別格《べっかく》だった。ともに大がかりな山車《だし》（飾《かざ》り物などを引く車）が見物で、大きな鬼《おに》の首やゾウの作りものが江戸《えど》の町を練り歩くこともあった。

世界一の大都市だった江戸《えど》

江戸《えど》には各藩《はん》の武士《ぶし》や、農家からの出稼《でかせ》ぎの人などが集まり、江戸時代《えどじだい》後半には人口が100万人を超《こ》えていたと推定《すいてい》されている。当時の世界主要都市の人口（推定《すいてい》）はパリで約55万人、ロンドンで約87万人だったので江戸《えど》がいかに大きい都市だったかがわかる。人口が増《ふ》え活気があった反面、人が出すごみも増《ふ》え、ごみをどう処理《しょり》するかなどの問題もあった。

江戸《えど》のお祭りは大勢《おおぜい》の人が集まった。貞房《さだふさ》「東都両国夕涼之《ゆうりょうの》図」（国立国会図書館蔵）

庶《しょ》民《みん》の娯楽《ごらく》、歌舞伎《かぶき》と浮世絵《うきよえ》

「かぶく」（傾《かたむ》く）が語源《ごげん》

伝統芸能《でんとうげいのう》として今も受け継《つ》がれている歌舞伎《かぶき》は、江戸時代《えどじだい》初期に出雲阿国《いずものおくに》という人が京都で行った「かぶき踊《おど》り」がルーツだと言われている。歌舞伎《かぶき》は、異様《いよう》なふるまいを示《しめ》す「かぶく」（傾《かたむ》く）という言葉が語源《ごげん》。派手《はで》で奇抜《きばつ》な服装《ふくそう》をしたスターが観客を魅了《みりょう》した。

大量生産された浮世絵《うきよえ》

浮世絵《うきよえ》は、芝居《しばい》の情景《じょうけい》、人物、風景など風俗全般《ふうぞくぜんぱん》を描《えが》いたもの。一点ものもあるが、版画《はんが》によるものが多く出回っていた。版画《はんが》は大量生産が可能《かのう》なため、庶民《しょみん》でも安く手に入れることができた。

庶民《しょみん》に人気があった歌舞伎《かぶき》スター。
一陽斎豊国《いちようさいとよくに》「歌舞伎十八番《かぶきじゅうはちばん》　助六《すけろく》　揚巻《あげまき》の助《すけ》六《ろく》・髭《ひげ》の意休《いきゅう》」（国立国会図書館蔵）

江戸《えど》時代《じだい》の代表的な浮世絵師《うきよえし》、歌川広重が江戸《えど》を描《えが》いた晩年《ばんねん》の作品。「名所江戸百景《めいしょえどひゃっけい》　亀戸梅屋舗《かめいどうめやしき》」（左）、「名所江戸百景《めいしょえどひゃっけい》　猿《さる》わか町よるの景」（右）（国立国会図書館蔵）

髪《かみ》型《がた》はどうなっているの？

男性《だんせい》の髪型《かみがた》

江戸時代《えどじだい》は髪型《かみがた》を見れば、身分や階級がある程度《ていど》わかった。男性《だんせい》は頭髪《とうはつ》をそる「月代《さかやき》」にちょんまげという形が一般的《いっぱんてき》。月代《さかやき》は、武士《ぶし》がかぶとをかぶるときに蒸《む》れないように考えられたもので、江戸時代《えどじだい》より前の庶民《しょみん》は月代《さかやき》などしなかった。しかし、武士《ぶし》が多かった江戸《えど》では庶民《しょみん》の間でも広まり、常識《じょうしき》となった。

女性《じょせい》の髪型《かみがた》

女性《じょせい》の場合、髪型《かみがた》を見ることである程度《ていど》の年齢《ねんれい》や身分・階級だけでなく、未婚《みこん》か既《き》婚《こん》かなどもわかった。また髪型《かみがた》のほかに、結婚《けっこん》をしたらお歯黒をつけ、さらに子どもが生まれたら眉《まゆ》をそった。

また、女性《じょせい》の髪型《かみがた》も男性《だんせい》と同じく江戸《えど》前期、中期、後期で流行に違《ちが》いがあり、まげなどが少しずつ変わっていった。

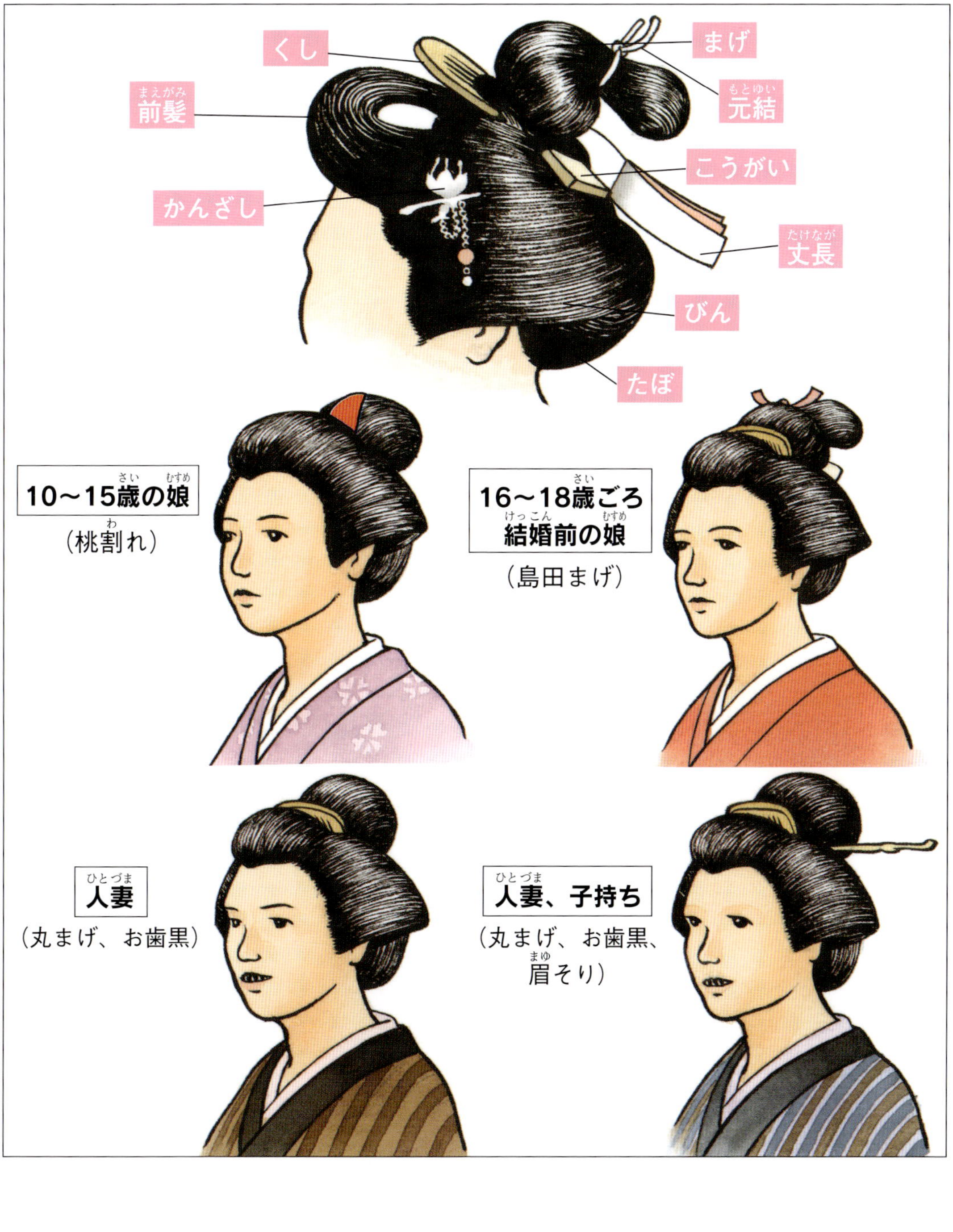

体験コーナー

浮《うき》世《よ》絵《え》木《もく》版《はん》画《が》に挑《ちょう》戦《せん》

浮世絵《うきよえ》は江戸時代《えどじだい》に成立した風俗画《ふうぞくが》のジャンル。肉筆画もあるが、木版画《もくはんが》による印刷が数多く普及《ふきゅう》していた。浮世絵木版画《うきよえもくはんが》は、図柄《ずがら》を左右反転させて彫刻《ちょうこく》した板「版木《はんぎ》」を使い、一色ずつ和紙に色を写して制作《せいさく》する。

①

②

③

④

①使用する色の顔料を準備《じゅんび》。にかわと混《ま》ぜ合わせる。今回制作《せいさく》するのは力士の浮世絵《うきよえ》。

②版木《はんぎ》の上に顔料をのせる。これは力士のまわしの赤色部分。

③顔料をのせた版木《はんぎ》の上に和紙を置いて色を写す（する）。

④これは力士の肌《はだ》の色をする版木《はんぎ》。力士のシルエットになっている。

今回使用した版木《はんぎ》は10種類。輪郭《りんかく》、まわし、肌《はだ》、背景《はいけい》など部分ごとに彫《ほ》られている。

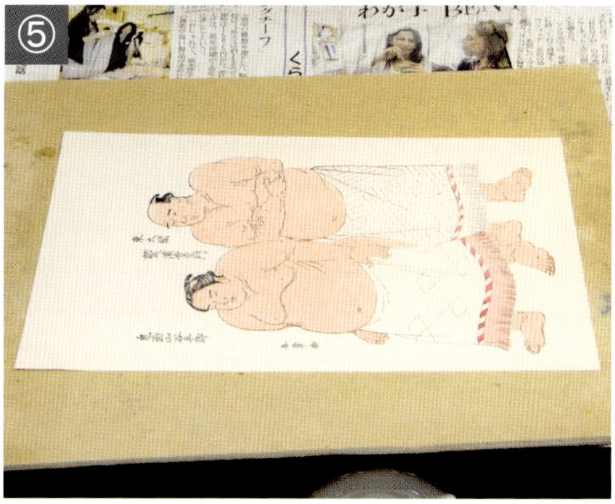

⑤黒で輪郭線《りんかくせん》をすり、④の版木《はんぎ》で肌《はだ》色《いろ》をすったところ。

⑥じょじょに色を加えていき、最終的にはこのような浮世絵《うきよえ》が完成。

（写真は、初めて体験した人の作品）

（撮影協力：千葉県立房総のむら）

浪人《ろうにん》と決闘《けっとう》へ

「どうするんだよシンヤ？」

ダイスケとアイコは心配そうな表情《ひょうじょう》でシンヤを見た。

「しょうがないだろ。売られたけんかは放ってはおけない。逃《に》げてもあいつはいつかはやってくるよ」

翌日《よくじつ》の夕刻《ゆうこく》、神社裏《うら》。どこからか調達してきた木刀を持ってシンヤは現《あらわ》れた。

「待っておったぞ」暗闇《くらやみ》から浪人《ろうにん》も姿《すがた》を現《あらわ》した。

１対１で向き合うシンヤと浪人《ろうにん》。「えい！」勢《いきお》いよくシンヤが突進《とっしん》すると、浪《ろう》人《にん》は素早《すばや》くよける。するとシンヤは体制《たいせい》を崩《くず》して転んでしまった。木の影《かげ》に隠《かく》れていたジュンイチ、アイコ、ダイスケはシンヤを助けようと走り出した。しかし浪人《ろうにん》は刀を抜《ぬ》いてシンヤに斬《き》りかかろうとする。その瞬間《しゅんかん》、これまで聞いたことがないような高い音が響《ひび》き渡《わた》り、あたりの空気が激《はげ》しく振動《しんどう》した。浪人《ろうにん》は斬《き》りかかった姿勢《しせい》のまま崩《くず》れ落ち、恐《おそ》ろしいものを見てしまったかのように大きく目を見開いて固まっていた。

「ユキ！！」

音のする方向を見ると、銀の筒《つつ》のようなものを持ったユキが立っていた。

千差万別、江戸《えど》にいた武士《ぶし》

大名から足軽まで

江戸《えど》は約7割《わり》が武家地《ぶけち》であり、武士《ぶし》が多い町だった。武士《ぶし》は名字と刀を持つことを許《ゆる》されていたが、上下関係は厳《きび》しかった。将軍《しょうぐん》を頂点《ちょうてん》に、身分が高い「大名」から身分が低い「足軽」まで武士《ぶし》の中でも種類があり、経済的《けいざいてき》に大きな格差《かくさ》があった。

「大名」とは将軍《しょうぐん》から領国支配《りょうごくしはい》を認《みと》められた者で、一万石《ごく》以上の禄高《ろくだか》（武士《ぶし》の給料）がある者。大きな屋敷《やしき》に住み、家臣もたくさんいた。将軍《しょうぐん》に直接《ちょくせつ》仕える武士《ぶし》で一万石《ごく》未満の者のうち、一般的《いっぱんてき》に、将軍《しょうぐん》に直接《ちょくせつ》会うことのできる者を「旗本」、できない者を「御家人《ごけにん》」として区別している。旗本、御家人《ごけにん》の中でも禄高《ろくだか》で大きな違《ちが》いがあった。

参勤《さんきん》交代で江戸《えど》に勤務《きんむ》する武士《ぶし》も

また、各藩《はん》の大名は参勤《さんきん》交代*制度《せいど》により、一定期間江戸《えど》に住むことが義務《ぎむ》づけられていた。そのため藩《はん》の家臣も江戸《えど》の藩邸《はんてい》で単身赴任《ふにん》をして働く必要があった。こうした武士《ぶし》の中にはかなり質素《しっそ》な暮《く》らしをしていた者もいた。

＊参勤《さんきん》交代とは、幕府《ばくふ》が全国の大名に1年おきに江戸《えど》に住むことを義務《ぎむ》づけたもの。大名の妻子《さいし》は江戸《えど》の屋敷《やしき》に住まわせられた。江戸《えど》と国元を往復《おうふく》することで藩《はん》の経費《けいひ》は圧迫《あっぱく》されたが、江戸《えど》の文化や情報《じょうほう》が各地に伝わり、街道《かいどう》の発《はっ》展《てん》にもつながった。

江戸城《えどじょう》に登城《とじょう》する際《さい》には、それぞれの身分に応《おう》じて、服装《ふくそう》が細かく決められていた。

人口の大部分を占《し》めた農民

年貢《ねんぐ》を納《おさ》める

江戸時代《えどじだい》の人口の大部分を占《し》めたのは、農業、漁業、林業などを営《いとな》んでいる人びとだった。その中でも特に多かったのは、農民で、農民は武士《ぶし》に年貢《ねんぐ》を納《おさ》めていた。年貢《ねんぐ》は収穫《しゅうかく》の30％ほどにもなり、武士《ぶし》たちの生活を支《ささ》えていた。江戸時代《えどじだい》中ごろには土地を深く耕《たがや》せるくわや、脱穀《だっこく》が楽にできる農具が開発され、生産を伸《の》ばしていった。

土地を深く耕《たがや》せる「備中《びっちゅう》ぐわ」

脱穀《だっこく》を楽にした「千歯こき」

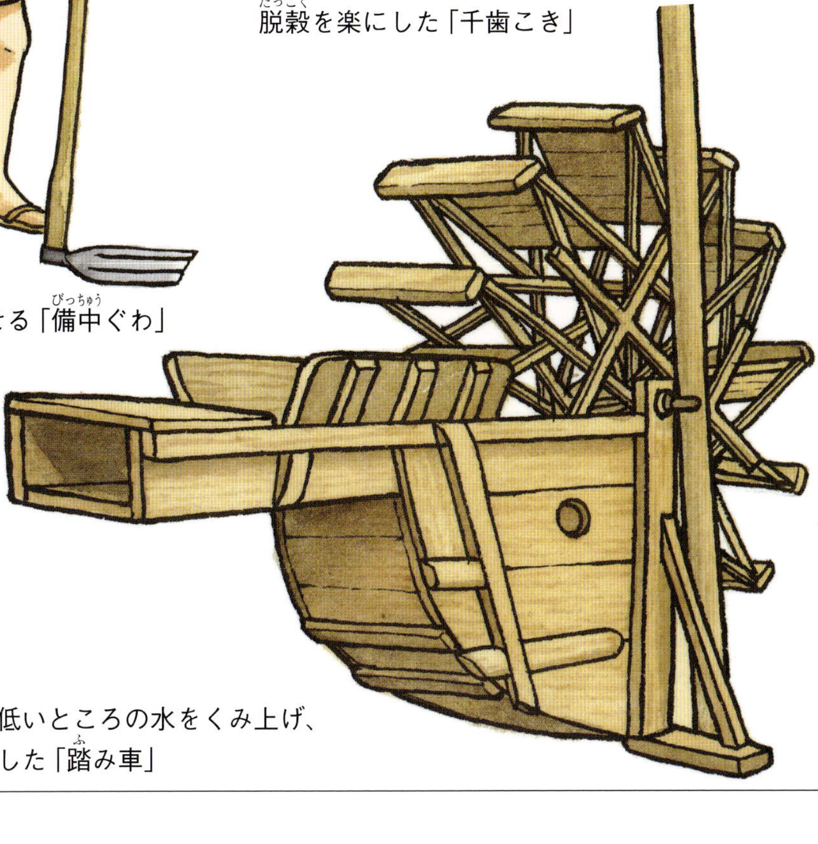

地面より低いところの水をくみ上げ、水を供給《きょうきゅう》した「踏《ふ》み車」

江《え》戸《ど》で活躍《かつやく》した職人《しょくにん》

職人《しょくにん》として一人前になるには、子どものころから長い修行《しゅぎょう》を重ねる必要があった。職人《しょくにん》には、家の中で仕事をする「居職《いじょく》」と外へ出て働く「出職《でじょく》」があった。災害《さいがい》が多かった江戸《えど》では、とび職人《しょくにん》、大工、左官などが花形で、災害後《さいがいご》は大忙《おおいそが》しだった。

大工

建築全般《けんちくぜんぱん》にかかわり、建物の修理《しゅうり》も行う。

指物師《さしものし》

木工細工の技術《ぎじゅつ》を駆使《くし》して、家具などを作る。

桶屋《おけや》

防火用《ぼうかよう》の水をためるおけなどを作っていた。

畳屋《たたみや》

注文された畳《たたみ》を製作《せいさく》した。

商人の出世コース

日本橋《にほんばし》などの大通りに面した大きな店（呉服店《ごふくだな》や木綿《もめん》問屋など）は、上方商人の江《え》戸店《どだな》が多かった。これらの店では地元の上方で子どもが採用《さいよう》され、江戸《えど》で働いた。奉《ほう》公人《こうにん》は使いっ走りの「丁稚《でっち》」から始まり、18～19歳《さい》ぐらいで「手代《てだい》」として一人前の店員として認《みと》められる。

その後20年ほど勤《つと》め「番頭」として店を仕切ったり、のれん分けをして独立《どくりつ》したりした。番頭やのれん分けに至《いた》るまでには厳《きび》しい競争があり、誰《だれ》もがなれるわけではなかった。

店の顔　いろいろな看板《かんばん》

何の店かすぐにわかるように、目立つ看板《かんばん》が作られた。

体験コーナー

和紙で作る人形「張《は》り子」

木型に紙を張《は》って、色を付けて仕上げる張《は》り子。江戸時代《えどじだい》には、だるまの形が人気で、今でも犬や招《まね》き猫《ねこ》、首振《くびふ》り虎《とら》などのさまざまな種類が全国各地で郷土玩《きょうどがん》具《ぐ》や縁起物《えんぎもの》として作られている。

①まず基本《きほん》となる木型を準備《じゅんび》。今回制作《せいさく》するのは招《まね》き猫《ねこ》。

②木型に和紙を張《は》っていく。その後、のり張《ば》りして数日乾《かわ》かす。

③乾燥《かんそう》したら初めに入れた木型を抜《ぬ》き取る。

④色を付けやすくするため、また強度を高めるため、和紙に胡粉《ごふん》（貝の粉でできた白色顔料）とにかわを練り合わせたものを塗《ぬ》る。そして色を付けて完成。写真は「佐原張子《さはらはりこ》」作家、鎌田芳朗さんの作品。

体験
コーナー

粘土《ねんど》を素焼《すや》き「土人形」

京都の伏見《ふしみ》人形が原型となり、江戸時代《えどじだい》の初めごろから量産されたといわれる土人形。型に粘土《ねんど》を入れて、素焼《すや》きをして色を付ける。こちらも日本の伝統《でんとう》工芸品として、全国各地で作られていた。

①

②

③

④

①型を準備《じゅんび》する。今回は馬の人形を制作《せいさく》。右側にある粉は、型に粘土《ねんど》が付かないようにするために使用する。
②陶芸《とうげい》用の粘土《ねんど》を使用。型に粘土《ねんど》を入れる。
③左右の型に入れて、１つに合わせる。
④かまで素焼《すや》きをして、色を付けると完成。写真は「芝原《しばはら》人形」（土人形）作家、千葉惣次さんの作品。

張《は》り子と土人形（撮影協力：千葉県立房総のむら）

ユキの正体

「死んだわけじゃないわ。一時的に細胞《さいぼう》の動きを止めただけよ」

「ユキ、これはどういうこと？？」

シンヤの頭はこんがらがっている。

「これには長い説明が必要なの。実は私《わたし》…、21 世紀の人間ではないの。もっと先の時代からやってきたの。私《わたし》たちの住む時代ではエネルギーが使われすぎてなくなり、多くの問題が生じている。環境《かんきょう》に負担《ふたん》をかけない暮《く》らしを研究しているお父さんの仕事についてきたの。あなたたちが使っていた乗り物も実は私《わたし》たちの…」

「そこまでだ！ ユキ」

突然《とつぜん》、どこからともなく現代風《げんだいふう》の服装《ふくそう》をした男性《だんせい》が現《あらわ》れた。

「お父さん！！」驚《おどろ》いたユキは大きな声を上げた。

「われわれの正体がわかってしまっては大きな問題になる。シンヤ君、残念だが、君たちの記憶《きおく》は消させてもらうしかないようだ」

男は事務的《じむてき》な口調で淡《たん》たんと話した。まるでそうすることが当然で、なんの問題もないかのように。

シンヤは大きな危険《きけん》が迫《せま》っていることを直感的に感じ、身構《みがま》えた。

「だめ！ お父さん、それだけはやめて！ シンヤたちの記憶《きおく》を消すと、私《わたし》は元から存在《そんざい》しなかったことになるのよ！」

普段《ふだん》は冷静なユキが泣きながら必死に父親を止めようとする。しかし、その抵《てい》抗《こう》もむなしくシンヤたちの意識《いしき》はじょじょに薄《うす》れていく。そしてついに……。

ふと気づくと４人は学校の教室にいた。いつもと変わらない見慣《みな》れた風景、そしてふだんと同じ担任《たんにん》の先生。秋の日差しが差し込《こ》む中、先生が話した。

「今日は転校生を紹介《しょうかい》します」

転校生として紹介《しょうかい》されたのは、髪《かみ》の長い少女だった。シンヤは一瞬《いっしゅん》、どこかで会ったような気がしたが、それが誰《だれ》だったかよく思い出せない。

「あそこが空いているから、あそこに座《すわ》って」

先生は、シンヤの隣《となり》の席を指して言った。その日の国語は書写の時間だった。習字が苦手で悪戦苦闘《くとう》していたシンヤだが、ふと隣《となり》を見ると、転校生の文字が驚《おどろ》くほど美しい。シンヤがのぞき込《こ》んでいることに気づいた転校生は、

「ゆっくり丁寧《ていねい》に、ひとつひとつ止めて書くことがポイントよ」

とシンヤにコツを伝えた。シンヤがアドバイスに従《したが》って書くと、今度は格段《かくだん》に上手になっていた。転校生は言った。

「習字の学習はね、江戸時代《えどじだい》の寺子屋から今も変わらず続いているんだよ」

「そうなんだ」シンヤは妙《みょう》に感心し、とても懐《なつ》かしい気持ちがよみがえってきた。しかし、なぜこの少女といるとそのような気持ちになるのか、シンヤにはいくら考えてもわからないのであった。

さくいん

◆監修者紹介《かんしゅうしゃしょうかい》

小沢 詠美子（おざわ・えみこ）

1987年　成城大学大学院文学研究科日本常民文化専攻博士課程前期修了、神戸大学大学院経済学研究科歴史分析講座助教授を経て、成城大学民俗学研究所研究員、同大学非常勤講師。著書に『災害都市江戸と地下室』（吉川弘文館）、『お江戸の経済事情』（東京堂出版）、『江戸ッ子と浅草花屋敷』（小学館）などがある。

◆参考文献《ぶんけん》

『ビジュアル・ワイド 江戸時代館』
　竹内誠監修、小学館、2002年
『歴史群像シリーズ特別編集【決定版】図解・江戸の暮らし事典』
　河合敦監修、学習研究社、2007年
『図説江戸３　町屋と町人の暮らし』
　平井聖監修、学習研究社、2000年
『江戸文化歴史検定公式テキスト【初級編】大江戸見聞録』
　江戸文化歴史検定協会編、小学館、2006年
『史上最強カラー図解　江戸時代のすべてがわかる本』
　大石学編著、ナツメ社、2009年
『花の大江戸風俗案内』菊地ひと美著、筑摩書房、2002年
『謎解き浮世絵叢書 歌川広重 保永堂版 東海道五拾三次』
　町田市立国際版画美術館監修、二玄社、2010年
『日本ビジュアル生活史 江戸のきものと衣生活』
　丸山伸彦編著、小学館、2007年
『日本ビジュアル生活史 江戸の料理と食生活』
　原田信男編、小学館、2004年

子ども大冒険ずかん　3
タイムスリップ！　江戸の町で大冒険

2011年2月28日　初版第1刷発行
監　　修　小沢　詠美子
絵　　スタジオ　ハレ
発　行　人　松本　恒
発　行　所　株式会社　少年写真新聞社
〒102-8232　東京都千代田区九段北1-9-12
TEL 03-3264-2624　FAX 03-5276-7785
URL http://www.schoolpress.co.jp/
印　刷　所　図書印刷株式会社

ISBN978-4-87981-368-8 C8021
NDC 210

スタッフ　編集：矢崎 公一　DTP：木村 麻紀　校正：石井 理抄子　イラスト：山村 ヒデト　写真：森 建吾　装丁デザイン：FROG KING STUDIO
編集長：野本 雅央